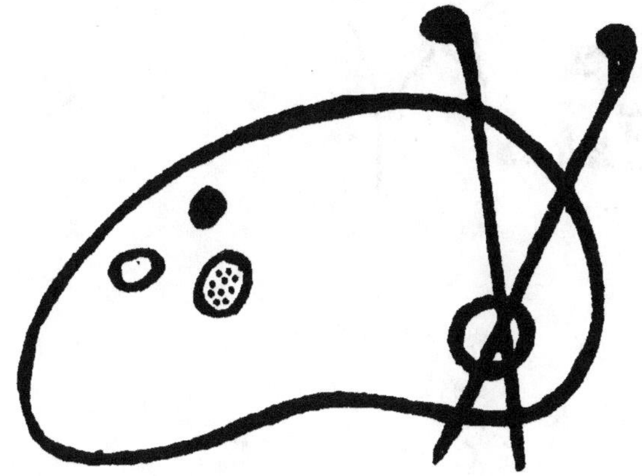

257

DITEURS.

Fin d'une série de documents
en couleur

LE

GÉNIE BONHOMME

GRAND IN-32

Les membres endoloris du vieillard furent réjouis par un feu brillant et clair (page 23)

LE

GÉNIE BONHOMME

PAR

CHARLES NODIER
Membre de l'Académie française

HUIT GRAVURES

LIMOGES
EUGÈNE ARDANT ET Cie
ÉDITEURS

Aussi l'appela-t-on le génie Bonhomme (page 9)

LE GÉNIE BONHOMME

CHAPITRE I

Il y avait autrefois des génies. Il y en aurait bien encore, si vous vouliez croire tous ceux qui se piquent d'être des génies; mais il ne faut pas s'y fier.

Celui dont il sera question ici n'était pas d'ailleurs de la première volée des génies.

C'était un génie d'entresol, un pauvre garçon de génie, qui ne siégeait dans l'assemblée des génies que par droit de naissance, et sauf le bon plaisir des génies titrés.

Quand il s'y présenta pour la première fois, j'ai toujours envie de rire quand j'y pense, il avait pris pour devise de son petit étendard de cérémonie :

Fais ce que dois, advienne que pourra.

Aussi l'appela-t-on le génie Bonhomme.

Ce dernier sobriquet est resté depuis aux esprits simples et naïfs qui pratiquent le bien par sentiment ou par habitude, et qui n'ont pas trouvé le secret de faire une science de la vertu.

Quand au sobriquet de *génie*, on en a fait tout ce qu'on a voulu. Cela ne nous regarde pas.

La bonne femme avait perdu son fils à la guerre (page 12)

CHAPITRE II

A plus de deux cents lieues d'ici, et bien avant la fin du dernier siècle, vivait dans un vieux château seigneurial une douairière dont ces messieurs de l'école des Chartes n'ont jamais pu retrouver le nom.

La bonne dame avait perdu sa bru jeune, et son fils à la guerre. Il ne lui restait, pour la consoler dans les ennuis de sa vieillesse, que son petit-fils et sa petite-fille, qui semblaient être créés pour le plaisir de les voir; car la peinture elle-même, qui aspire toujours à faire mieux que Dieu, n'a jamais rien fait de plus joli.

Le garçon, qui avait douze ans, s'appelait Saphir, et la

fille, qui en avait dix, s'appelait Améthyste.

On croit, mais je n'oserais l'assurer, que ces noms leur avaient été donnés à cause de la couleur de leurs yeux, et ceci me permet de vous apprendre ou de vous rappeler deux choses en passant : la première, c'est que le saphir est une belle pierre d'un bleu transparent, et que l'améthyste en est une autre qui tire sur le violet. La seconde, c'est que les enfants de grande maison n'étaient ordinairement nommés que cinq ou six mois après leur naissance.

On chercherait longtemps avant de rencontrer une aussi bonne femme que la grand'-mère d'AMÉTHYSTE et de SAPHIR, elle l'était même trop, et c'est un inconvénient dans lequel les mères tombent volontiers quand elles ont pris la peine d'être bonnes; mais ce hasard n'est pas assez commun pour qu'on s'en inquiète.

Nous la désignerons cependant par le surnom de TROP-

BONNE, afin d'éviter la confusion, s'il y a lieu.

TROPBONNE aimait tant ses petits-enfants, qu'elle les élevait comme si elle ne les avait pas aimés.

Elle leur laissait suivre tous leurs caprices, ne leur parlait jamais d'études, et jouait avec eux pour aiguiser ou renouveler leur plaisir quand ils s'ennuyaient de jouer.

Il résultait de là qu'ils ne savaient presque rien, et que, s'ils n'avaient pas été curieux comme le sont tous les enfants, ils n'auraient rien su du tout.

Cependant, TROPBONNE était de vieille date l'amie du génie BONHOMME, qu'elle avait vu quelque part dans sa jeunesse. Il est probable que ce n'était pas à la cour.

Elle s'accusait souvent auprès de lui, dans leurs entretiens secrets, de n'avoir pas eu la force de pourvoir à l'instruction de ces deux charmantes petites créatures auxquelles elle pouvait manquer d'un jour à l'autre.

Le génie lui avait promis d'y penser quand ses affaires le permettraient, mais il s'occupait alors de remédier aux mauvais effets de l'éducation des pédants et des charlatans, qui commençaient à être à la mode. Il avait bien de la besogne.

Améthyste courut à la rencontre de l'étranger
(page 22)

CHAPITRE III

Un soir d'été, cependant, Tropbonne s'était couchée de bonne heure, selon sa coutume : le repos des honnêtes gens est si doux !

AMÉTHYSTE et SAPHIR s'entretenaient dans le grand salon de quelques-uns de ces riens qui remplissent la fade oisiveté des châteaux, et ils auraient bâillé plus d'une fois en se regardant, si la nature n'avait pris soin de les distraire par un de ses phénomènes les plus effrayants, et portant les plus communs.

L'orage grondait au dehors. De minute en minute les éclairs enflammaient le vaste espace ou se croisaient en zigzags de feu sur les vitres ébranlées.

Les arbres de l'avenue criaient et se fendaient en éclats; la foudre roulait dans les nues comme un char d'airain; il n'y avait pas jusqu'à la cloche de la chapelle qui ne vibrât de terreur et qui ne mêlât sa plainte longue et sonore au fracas des éléments.

Cela était sublime et terrible.

Tout à coup les domestiques vinrent annoncer qu'on avait recueilli à la porte un petit vieillard percé par la pluie, transi de froid, et probablement mourant de faim, parce que la tempête devait l'avoir écarté beaucoup de sa route.

AMÉTHYSTE, qui s'était pressée dans son effroi contre le sein de son frère, fut la première à courir à la rencontre de l'étranger; mais comme SAPHIR était le plus fort et le plus leste, il l'aurait facilement devancée, s'il n'avait pas voulu lui donner le plaisir d'arriver avant lui, car ces aimables enfants étaient aussi bons qu'ils étaient beaux.

Je vous laisse à penser si les membres endoloris du

pauvre homme furent réjouis par un feu pétillant et clair, si le sucre fut ménagé dans le vin généreux qu'AMÉTHYSTE faisait chauffer pour lui sur un petit lit de braise ardente, s'il eut enfin bon souper, bon gîte, et surtout bonne mine d'hôte.

Je ne vous dirai pas même qui était ce vieillard, parce que je veux vous ménager le plaisir de la surprise.

—

Je n'en ai trouvé que les ruines (page 31)

CHAPITRE IV

Quand le vieillard fut un peu remis de sa fatigue et de ses besoins, il devint joyeux et causeur, et les jeunes gens y prirent plaisir.

Les jeunes gens de ce temps-là ne dédaignaient pas la conversation des vieilles gens, où ils pensaient avec raison qu'on peut apprendre quelque chose.

Aujourd'hui, la vieillesse est beaucoup moins respectée, et je n'en suis pas surpris. La jeunesse a si peu de chose à apprendre!

— Vous m'avez si bien traité, leur dit-il, que mon cœur s'épanouit à l'idée de vous savoir heureux. Je suppose que dans ce château magnifique, où tout vous vient à souhait, vous devez couler de beaux jours.

SAPHIR baissa les yeux.

— Heureux, sans doute! répondit AMÉTHYSTE. Notre grand'mère a tant de bontés pour nous et nous l'aimons tant! Rien ne nous manque, à la vérité, mais nous nous ennuyons souvent.

Vous vous ennuyez! s'écria le vieillard avec les marques du plus vif étonnement. Qui a jamais entendu dire qu'on s'ennuyât à votre âge, avec de la fortune et de l'esprit? L'ennui est la maladie des gens inutiles, des paresseux et des sots. Quiconque s'ennuie est un être à charge à la société comme à lui-même, qui ne mérite que le mépris. Mais ce n'est pas tout d'être doué par la Providence d'un excellent naturel comme le vôtre, si on ne le cultive pas par le travail. Vous ne travaillez donc pas?

— Travailler? répliqua SAPHIR un peu piqué. Nous sommes riches, et ce château le fait assez voir

— Prenez garde, reprit le

vieillard en laissant échapper à regret un sourire amer. La foudre qui se tait à peine aurait pu le consumer en passant.

— Ma grand'mère a plus d'or qu'il n'en faut pour suffire au luxe de sa maison.

— Les voleurs pourraient le prendre.

— Si vous venez du côté que vous nous avez dit, continua SAPHIR d'un ton assuré, vous avez dû traverser une plaine de dix lieues d'étendue, toute chargée de vergers et de moissons. La montagne qui la domine du côté de l'occident est couronnée d'un palais immense qui fut celui de mes ancêtres, et où ils avaient amassé à grands frais toutes les richesses de dix générations.

— Hélas! dit l'inconnu, pourquoi me forcez-vous à payer une si douce hospitalité par une mauvaise nouvelle? Le temps, qui n'épargne rien, n'a pas épargné la plus solide de vos espérances. J'ai côtoyé longtemps la plaine dont vous parlez. Elle a été remplacée par un lac. J'ai voulu visiter le palais de vos aïeux. Je n'en ai trouvé que les ruines, qui servent tout au plus d'asile aujourd'hui à quelques oiseaux nocturnes et à quelques bêtes de proie. Les loutres se disputent la moitié de votre héritage, et l'autre appartient aux hiboux. C'est si peu, mes amis, que l'opulence des hommes.

Les enfants se regardèrent.

— Il n'y a qu'un bien, poursuivit le vieillard comme s'il ne les avait pas remarqués, qui mette la vie à l'abri de ces dures vicissitudes, et on ne se le procure que par l'étude et le travail! Oh! contre celui-là, c'est en vain que les eaux se débordent, et que la terre se soulève, et que le ciel épuise ses fléaux. Pour qui possède celui-là, il n'y a point de revers qui puisse démonter son courage, tant qu'il lui reste une faculté dans l'âme ou un métier dans la main. L'aimable science des arts est la plus belle dot des fiancés. L'aptitude aux soins domestiques est la couronne des femmes. L'homme qui possède une industrie utile, ou des connaissances d'une application commune, est plus réellement riche que les riches, ou plutôt il n'y a que lui de riche et indépendant sur la terre. Toute autre fortune est trompeuse et passagère. Elle vaut moins et dure peu.

Améthyste et Saphir n'avaient jamais entendu ce langage.

Ils se regardèrent encore et ne répondirent pas.

Pendant qu'ils gardaient le silence, le vieillard se transfigurait.

Ses traits décrépits reprenaient les grâces du bel âge, et ses membres cassés, l'attitude saine et robuste de la force. Ce pauvre homme était un génie bienfaisant avec lequel je vous ai déjà fait faire connaissance. Nos jeunes gens ne s'en étaient guère doutés, ni vous non plus.

— Je ne vous quitterai pas, ajouta-t-il en souriant, sans vous laisser un faible gage de ma reconnaissance, pour les soins dont vous m'avez comblé. Puisque l'ennui seul a jusqu'ici troublé le bonheur que la nature vous dispensait d'une manière si libérale, recevez de moi ces deux anneaux, qui sont de puissants talismans. En poussant le ressort qui en ouvre le chaton, vous trouverez toujours dans l'enseignement qui y est caché un remède infaillible contre cette triste maladie du cœur et de l'esprit. Si cependant l'art divin qui les a fabriqués trompait une fois mes espérances, nous nous reverrons dans un an, et nous aviserons alors à d'autres moyens. En attendant, les petits cadeaux entretiennent l'amitié, et je n'attache à celui-ci que deux conditions faciles à remplir : la première, c'est de ne pas consulter l'oracle de l'anneau sans nécessité ; la seconde, c'est d'exécuter tout ce qu'il vous prescrira.

En achevant ces paroles, le génie BONHOMME s'en alla, et un auteur doué d'une imagination plus poétique vous dirait probablement qu'il disparut. C'est la manière dont les génies prenaient congé.

On avait fait venir les maîtres (page 41)

CHAPITRE V

Améthyste et Saphir ne s'ennuyèrent pas cette nuit-là, et j'imagine cependant qu'ils dormirent peu.

Ils pensèrent probablement

à leur fortune perdue, à leurs années d'aptitude et d'intelligence, plus irréparablement perdues encore.

Ils regrettèrent tant d'heures passées dans de vaines dissipations, et qui auraient pu devenir profitables et fécondes s'ils avaient su les employer.

Ils se levèrent tristement, se cherchèrent en craignant de se rencontrer, et s'embrassèrent à la hâte en se cachant une larme.

Au bout d'un moment d'embarras, la force de l'habitude

l'emporta pourtant encore une fois.

Ils retournèrent à leurs amusements accoutumés et s'amusèrent moins que de coutume.

— Je crois que tu t'ennuies? dit Améthyste.

— J'allais t'adresser la même question, répondit Saphir ; mais j'ai eu peur que l'ennui ne servît de prétexte à la curiosité.

— Je te jure, reprit Améthyste en poussant le ressort du chaton, que je m'ennuie à la mort!

Et au même instant elle lut,

artistement gravée sur la plaque intérieure, cette inscription que Saphir lisait déjà de son côté :

TRAVAILLEZ
POUR VOUS RENDRE UTILES
RENDEZ-VOUS UTILES
POUR ÊTRE AIMÉS
SOYEZ AIMÉS
POUR ÊTRE HEUREUX

— Ce n'est pas tout, observa gravement Saphir. Ce que l'oracle de l'anneau nous prescrit il faut l'exécuter ponctuellement. Essayons, si tu m'en crois. Le travail n'est peut-être pas plus ennuyeux que l'oisiveté.

— Oh! cela, je l'en défie! répliqua la petite fille. Et puis l'anneau nous réserve certainement quelque autre ressource contre l'ennui. Essayons, comme tu dis. Un mauvais jour est bientôt passé.

Sans être absolument mauvais, comme le craignait Améthyste, ce jour n'eut rien d'agréable.

On avait fait venir les maîtres, si souvent repoussés, et ces gens-là parlent une langue qui paraît maussade parce qu'elle est inconnue, mais à laquelle on finit par trouver quelque charme quand on en a pris l'habitude. Le frère et la sœur n'en étaient pas là.

Vingt fois, pendant chaque leçon, le chaton s'était entr'ouvert au mouvement du ressort, et vingt fois l'inscription obstinée s'était montrée à la même place. Il n'y avait pas un mot de changé.

Ils se divertissaient à lire à la récréation
(page 45)

CHAPITRE VI

Ce fut toujours la même chose pendant une longue semaine; ce fut encore la même chose pendant la semaine qui la suivit.

SAPHIR ne se sentait pas d'impatience.

— On a bien raison de dire, murmurait-il en griffonnant un *pensum*, que les génies de ce temps-ci se répètent.

— Et puis, ajoutait-il, on en conviendra, c'est un étrange moyen pour guérir les gens de l'ennui, que de les ennuyer à outrance !

Au bout de quinze jours, ils s'ennuyèrent moins, parce que leur amour-propre commençait à s'intéresser à la poursuite de leurs études.

Au bout d'un mois ils s'ennuyèrent à peine, parce qu'ils avaient déjà semé assez pour recueillir.

Ils se divertissaient à lire à la récréation, et même dans le travail, des livres fort instructifs, et cependant fort amusants, en italien, en anglais, en allemand; ils ne prenaient point de part directe à la conversation des personnes éclairées, mais ils en faisaient leur profit, depuis que leurs études les mettaient à portée de la comprendre.

Ils pensaient enfin; et cette vie de l'âme que l'oisiveté détruit, cette vie, nouvelle pour eux, leur semblait plus douce que l'autre, car ils avaient beaucoup d'esprit naturel.

Leur grand'mère était d'ailleurs si heureuse de les voir étudier sans y être contraints et jouissait si délicieusement de leurs succès!

Je me rappelle fort bien que le plaisir qu'ils procurent à leurs parents est la plus pure joie des enfants.

Le ressort joua cependant

bien des fois durant la première moitié de l'année; le septième, le huitième, le neuvième mois, on l'exerçait de temps à autre.

Le douzième, il était rouillé.

Ce fut alors que le génie revint au château, comme il s'y était engagé.

Les génies de cette époque étaient fort ponctuels dans leurs promesses.

Pour cette nouvelle visite, il avait déployé un peu plus de pompe, celle d'un sage qui use de sa fortune sans l'étaler en vain appareil, parce qu'il sait le moyen d'en faire un meilleur usage.

Il sauta au cou de ses jeunes amis, qui ne se formaient pas encore une idée bien distincte du bonheur dont ils lui étaient redevables.

Ils l'accueillirent avec tendresse, avant d'avoir récapitulé dans leur esprit ce qu'il avait fait pour eux.

La bonne reconnaissance est comme la bienfaisance : elle ne compte pas.

— Eh bien! enfants, leur dit-il gaiement, vous m'en avez

beaucoup voulu, car la science est aussi de l'ennui. Je l'ai entendu dire souvent, et il y a des savants par le monde qui m'ont disposé à le croire. Aujourd'hui, plus d'études, plus de science, plus de travaux sérieux! Du plaisir, s'il y en a, des jouets, des spectacles, des fêtes! Saphir, vous m'enseignerez le pas le plus à la mode. Mademoiselle, j'ai l'honneur de vous retenir pour la première contredanse. Je me suis réservé de vous apprendre que vous étiez plus riches que jaremais. Ce maudit lac s'est retiré, et le séjour de ces conquérants importuns décuple la fertilité des terres. On a déblayé les ruines du palais, et on a trouvé dans les fondations un trésor qui a dix foix plus de valeur.

— Les voleurs pourraient le prendre dit AMÉTHYSTE.

— Le lac regagnera peut-être le terrain qu'il a perdu! dit SAPHIR.

Saphir s'avança le premier (page 54)

CHAPITRE VII

Le génie avait perdu leurs dernières paroles, ou il en avait l'air.

Il était dans le salon.

— Ce brave homme est bien

frivole pour un vieillard dit SAPHIR.

— Et bien bête pour un génie, dit AMÉTHYSTE.

Il croit peut-être que je ne finirai pas le vase de fleurs que je peins pour la fête de grand'-maman. Mon maître dit qu'il voudrait l'avoir fait, et qu'on n'a jamais approché de plus près du fameux M. Rabel.

— Je serais fâché, bonne petite sœur, reprit SAPHIR, d'avoir quelque avantage sur toi ce jour-là; mais j'espère qu'elle aura autant de joie qu'on peut en avoir sans mourir, en comptant mes six couronnes.

— Encore faudra-t-il travailler pour cela, repartit Améthyste, car tes cours ne sont pas finis.

— Aussi, faudra-t-il travailler pour finir ton vase de fleurs, répliqua Saphir, car il n'est pas fini non plus.

— Tu travailleras donc? dit Améthyste d'une voix caressante, comme si elle avait voulu implorer de l'iudulgence pour elle-même.

— Je le crois bien, dit Saphir,

et je ne vois aucune raison pour ne pas travailler, tant que je ne saurai pas tout.

— Nous en avons pour longtemps, s'écria sa sœur en bondissant de plaisir.

Et en parlant ainsi, les jeunes gens arrivèrent auprès de Trop-bonne qui était alors trop heureuse.

Saphir s'avança le premier comme le plus déterminé, pour prier sa grand'mère de leur permettre le travail, au moins pour deux ou trois années encore.

Le génie, qui essayait les entrechats et les ronds de jambe, en attendant sa première leçon de danse, partit d'un éclat de rire presque inextinguible, auquel succédèrent pourtant quelques douces larmes.

— Travaillez, aimables enfants, leur dit-il, votre bonne aïeule le permet, et vous pouvez reconnaître à son émotion le plaisir qu'elle éprouve à vous contenter. Travaillez avec modération, car un travail excessif brise les meilleurs esprits, comme une culture trop exigeante épuise le sol le plus productif. Amusez-vous quelquefois, et même souvent, car les exercices du corps sont nécessaires à votre âge, et tout ce qui délasse la pensée d'un travail suspendu à propos la rend capable de le reprendre sans effort. Revenez au travail avant que le plaisir vous ennuie; les plaisirs poussés jusqu'à l'ennui dégoûtent du plaisir. Rendez-vous utiles enfin pour vous rendre dignes d'être aimés; et, comme disait le talisman, *soyez aimés pour être heureux.* S'il existe un autre bonheur sur la terre, je n'en sais pas le secret.

FIN

LE MAITRE ET L'ÉCOLIER

« Qu'il fait sombre dans cette classe!
Rien qu'un mur gris, un tableau noir,
Et puis, toujours la même place
Et toujours le même devoir!

Toujours, toujours le même livre,
Et toujours le même cahier!
Peut-on appeler cela vivre?
Moi, je l'appelle s'ennuyer! »
Ainsi parlait, dans son école,
Un petit écolier mutin.

Le maître alors prit la parole
Et lui dit : « Quoi! chaque matin,
Toujours, de cette même chaire,
Répéter la même leçon;

Enseigner la même grammaire
A ce même petit garçon,
Qui reste toujours quoi qu'on fasse,
Ignorant, distrait, paresseux !
Lequel devrait, dans cette classe,
S'ennuyer le plus de nous deux ! »

(X...)

—

BERGERONNETTE

Pauvre petit oiseau des champs,
Inconstante bergeronnette,
Qui voltiges, vive et coquette,
Et qui siffles tes jolis chants ;

Bergeronnette si gentille,
Qui tournes autour du troupeau,
Par les prés sautille, sautille,
Et mire-toi dans le ruisseau !

Va dans tes gracieux caprices
Becqueter la pointe des fleurs,
Ou poursuivre, aux pieds des génisses,
Les mouches aux vives couleurs.

Reprends tes jeux, bergeronnette,
Bergeronnette aux vol léger;
Nargue l'épervier qui te guette :
Je suis là pour te protéger.

Si haut qu'il soit, je puis l'abattre...
Petit oiseau, chante!... et demain,
Quand je marcherai, viens t'ébattre,
Près de moi, le long du chemin.

C'est ton doux chant qui me console;
Je n'ai point d'autre ami que toi!
Bergeronnette, vole, vole,
Bergeronnette devant moi!

(DOVALLE).

L'OISEAU-MOUCHE

Il est si petit qu'il se perd
Quand du soir tombe la rosée;
Par une goutte il est couvert,
Par une goutte de rosée.

Du chasseur il brave le plomb,
Car où l'atteindre ? il est si frêle
Et si léger, qu'un cheveu blond
Pèse plus à l'air que son aile.

Il s'endort au milieu des fleurs.
Quand il vole de tige en tige.
Avec son chant et ses couleurs,
Il semble une fleur qui voltige.

Il voit pâlir son vermillon,
Si la main d'un enfant le touche,
Il est moins grand qu'un papillon.
Un peu moins petit qu'une mouche.

(GOZLAN.)

NOEL

Le ciel est noir, la terre est blanche.
Cloches, carillonnez gaîment!
Jésus est né; la Vierge penche
Sur lui son visage charmant.
Pas de courtines festonnées
Pour préserver l'enfant du froid;
Rien que des toiles d'araignées
Qui pendent des poutres du toit.
Il tremble sur la paille fraîche,
Ce cher petit enfant Jésus;
Et, pour l'échauffer dans sa crèche,
L'âne et le bœuf soufflent dessus.
La neige au chaume pend ses franges,
Mais sur le toit s'ouvre le ciel,
Et, tout en blanc, le cœur des anges
Chante aux bergers : « Noël! Noël! »

(TH. GAUTIER.)

FIN

Limoges. — Imp. Eugène Ardant et Cie

Original en couleur

NF Z 43-120-8

LIMOG
EUGÈNE ARDANT ET

www.ingramcontent.com/pod-product-compliance
Lightning Source LLC
LaVergne TN
LVHW022118080426
835511LV00007B/899